砂糖不使用！野菜と果物だけで作る

ベジフル 発酵 ジュース と レシピ

岩田麻奈未 著

日東書院

もくじ

はじめに ... 4

ベジフル発酵ジュースの作り方
ベジフル発酵ジュースとは ... 6
発酵ジュースの作り方 ... 8
用意するもの ... 8
ビンの選び方 ... 9
基本の作り方（900ml保存ビン1本分） ... 10
発酵するってどういうこと？ ... 14
ベジフル発酵ジュースの注意事項 ... 18

ベジフル発酵ジュースのバリエーション
りんご ... 20
パイナップル ... 22
メロン ... 24
スイカ ... 26
ビーツ ... 28
トマト ... 30
キュウリ ... 32
小松菜 ... 34
発酵ジュースのアレンジいろいろ ... 36
発酵ジュースをもっと楽しむ ... 37

ベジフル発酵料理
ベジフル発酵料理について ... 40

トマトのレシピ
発酵トマトと小松菜、キノコのマリネ ... 44
発酵トマトとイチゴのカッペリーニ ... 46
発酵トマトとりんごのキムチ ... 48
発酵トマトとレモンの冷奴 ... 49
発酵トマトとスイカのサラダ ... 50

セロリのレシピ
発酵セロリとキュウリ、オイルサーディンのサラダ ... 54
発酵セロリとパイナップル、ホタテのカルパッチョ ... 56
発酵セロリとりんごのカッテージチーズ和え ... 58
発酵セロリとメロンのハムサンド ... 59
発酵セロリとトマトのガスパチョ ... 60

ニンジンのレシピ

発酵ニンジンラペ …………………………… 64
発酵ニンジンとスイカの冷製スープ ………… 66
発酵ニンジンとトマトのタブレ ……………… 67
発酵ニンジンとキュウリのポテトサラダ …… 68

小松菜のレシピ

発酵小松菜とりんごのツナサラダ …………… 72
発酵小松菜とキュウリ、海苔のお浸し ……… 74
発酵小松菜とジャコ、昆布の和え物 ………… 75
発酵小松菜のしょうゆ漬け …………………… 76

キュウリのレシピ

発酵キュウリとグレープフルーツ、タコのマリネ …… 80
発酵キュウリとセロリ、ワカメの酢の物 …… 82
発酵キュウリと生姜の梅紫蘇漬け …………… 83
発酵キュウリのかっぱ巻き …………………… 84
発酵キュウリとニンジン、ヒジキの白和え … 86

パプリカのレシピ

発酵パプリカとトマトの冷製パスタ ………… 90
発酵パプリカとパイナップルのヌードルサラダ …… 92
発酵パプリカとトマトの豆腐ポタージュ …… 93
発酵パプリカとトマトのチリコンカン ……… 94

キャベツのレシピ

発酵キャベツとメロンの冷麺 ………………… 98
発酵キャベツとキュウリのゴマ和え ………… 100
発酵キャベツとりんごのザワークラウト …… 101
発酵キャベツとりんごのドライカレー ……… 102
発酵キャベツとキュウリの冷しゃぶ ………… 104

ビーツのレシピ

発酵ビーツとトマトのヨーグルトポタージュ …… 108
発酵ビーツとキャベツのサラダサンド ……… 110
豚肉のグリエ　発酵ビーツとイチゴのソース …… 111
発酵ビーツとオレンジのお刺身マリネ ……… 112

フルーツのレシピ

発酵フルーツで作るヨーグルトチーズケーキ …… 116
発酵フルーツスムージー ……………………… 118
発酵フルーツポンチ …………………………… 119
発酵フルーツアイスキャンディ ……………… 120
発酵フルーツゼリー …………………………… 122
発酵フルーツサンド …………………………… 124
発酵フルーツぜんざい ………………………… 125
発酵フルーツガレット ………………………… 126

はじめに

　人は食べたものでできている。よく言われる言葉ですが、本当にその通りで、食べたものから私たちの身体は作られ、心と身体の健康を維持しています。できるだけ身体に優しいものを、健康に役立つものを食べよう！という食への関心はここ数年とても高まっていますね。発酵食品もその一つで、発酵の良さが見直され注目されるようになりました。納豆、ヨーグルト、漬物などの発酵食品を購入することは簡単ですが、全てが上質というわけではありません。自分で作ろうと思っても、発酵食品を作るには手間がかかるものが多く、もっと簡単に身近に作ることができる発酵食品があれば、手軽に手作り発酵食品を楽しんでいただけるのではないかと思い、天然酵母や水キムチ、ワインや酢の作り方をヒントに作ってみたのがベジフル発酵ジュースです。

　思い切って、砂糖も塩も使わず水だけで発酵させてみたところ、しっかり発酵してとても美味しい。ジュースだけでなく料理やデザートも楽しめる。発酵料理のバリエーションがとても広がることがわかりました。毎日続けることが大切な発酵食品ですから、身近な食材で簡単につくることができるベジフル発酵ジュースは、どなたにでも楽しく飽きずに続けていただける発酵食品ではないかと思います。ぜひみなさまの健康に役立てていただきたいとの思いで本書にまとめました。

　市販の発酵食品にはない、オリジナルの組み合わせで食材と発酵というマリアージュを楽しめるベジフル発酵ジュースが、みなさまの心と身体の健康を育むものとなれば幸いです。

2018年8月吉日
岩田　麻奈未

ベジフル発酵ジュースの作り方

ベジフル発酵ジュースとは

　ベジフル発酵ジュースとは、砂糖類を一切使用せず、野菜とくだもの、そして水だけで発酵させて作るジュースのことです。糖類が加えられていないため、素材本来の香りと味を楽しめます。そして、ジュースを作ったあとの野菜やくだものは、発酵料理や発酵デザートを作ることもでき、無駄なく丸ごと使えます。

菌を入れなくても発酵するのはナゼ？

　ヨーグルトは乳酸菌が、納豆は納豆菌が作り出した発酵食品です。ご自宅でヨーグルトを作る場合には、種菌と呼ばれる菌を加えて作りますね。納豆も同じです。麹も、米に麹菌を吹きかけて作られます。
　ところが、ベジフル発酵ジュースには種菌は必要ありません。野菜やくだものに常在している酵母や乳酸菌を使って発酵させます。

砂糖なしで発酵するのはナゼ？

　発酵ジュース、酵素ジュースと呼ばれるもののなかには、砂糖をたくさん使って作られるものもあります。これは、砂糖が菌のエサとなって発酵すると思われていますが、そうでもありません。砂糖がまったく入っていなくても、野菜やくだものに含まれている糖を使って発酵することができます。

天然酵母やワインは、砂糖を使わずに発酵させて作られます。それと同じように、野菜やくだものの常在菌と、もともと含まれている糖を使って発酵させて作るのがベジフル発酵ジュースです。砂糖が入っていない分、糖質も少なく、日頃から砂糖を控えている方にも楽しんでいただけます。

どんな野菜やくだものでも発酵するの？

　基本的には、どのような野菜やくだものでもベジフル発酵ジュースを作ることができます。ただし発酵という過程を経て飲むものとはいえ、非加熱であり、糖類を一切加えないためにベジフル発酵ジュースに向いているもの、向いていないものがあります。非加熱で食べることのできないジャガイモやサツマイモなどのイモ類、梅、生で食べると香りの強い玉ねぎやニンニクなどのネギ類、ほうれん草、ゴボウなどのアクの強い野菜とキノコ類は発酵ジュースに向いていないので避けましょう。

　ベジフル発酵ジュースに必要なものは、「野菜・くだもの」・「ビン」・「水」これだけです。簡単なステップで美味しい発酵ジュースが出来上がります。

　さあ！　作ってみましょう。

発酵ジュースの作り方

用意するもの

① 発酵用ビン
② ジュース保存ビン
③ 消毒用アルコール（ウォッカや焼酎などアルコール度数の高いもの）
④ ザル
⑤ じょうご
⑥ キッチンペーパー

ビンの選び方

発酵に向いているビン

- 入口が広く撹拌しやすい。
- フタもすべて煮沸消毒できる。

NG ビン

- 入口が狭く撹拌しにくい。
- フタがプラスティックやコルクなどの煮沸消毒できない素材である。

基本の作り方 （900ml保存ビン1本分）

[材料]

りんご … 1個
キウイ … 1個
ミネラルウォーター
　… 500ml

ワンポイント

ミネラルウォーターには、硬水、軟水、湧水、炭酸水などいくつかの種類があります。どのような種類のミネラルウォーターを使っても作ることはできますが、ベジフル発酵ジュース自体が発泡するため炭酸水は避けましょう。また、一度開封したものは、たとえ冷蔵庫で保存していたとしても、どのような菌が入っているかわかりません。ベジフル発酵ジュースを作る際には、必ず新しいミネラルウォーターを使いましょう。

[下準備]

1 ビンを煮沸消毒します。

2 キッチンペーパーにアルコールを含ませて、ビン本体、フタ、ゴムパッキンを拭きます。

3 包丁、まな板も同様にアルコールで消毒します。

［作り方］

1 りんごはよく洗って皮ごと、キウイは皮をむいて厚さ3mm程度に切ります。

2 ビンの8割程度までフルーツを詰め、ミネラルウォーターを注ぎます。

この時、ミネラルウォーターを縁ぎりぎりまで入れずにフタとの間に1〜2cmの余裕をもたせましょう。

3 ビンにフタをします。1日1回フタを開けて清潔なスプーンで撹拌し、発酵が進むのを待ちます。

発酵中はビンに直射日光が当たらない場所で保存します。

夏場の冷房を切ってしまう時間帯は冷蔵庫の野菜室で保管します。

4 発酵が終わったら、ザルで漉します。

発酵のすすみ具合はP12〜13を参考にしましょう。

5 栓のできるビンにジュースを詰めて出来上がり。

ジュースと残ったフルーツは冷蔵庫で保存しましょう。

発酵するってどういうこと？

　発酵と腐敗は紙一重です。私たちの身体に有益な菌が育った場合には「発酵」、害となる菌が育ってしまった場合には「腐敗」と呼んでいます。ベジフル発酵ジュースは、野菜やくだものに常在している菌を使って「発酵」させます。種菌を加えるわけではないので、常在菌が外からの菌に負けて有害な菌が育ってしまわないように、容器や道具を煮沸、アルコール消毒をします。

　また、ベジフル発酵ジュースは、発酵の最終段階ではなく、発酵途中のものをジュースとして飲んでいます。発酵食品と呼ばれるものには、それぞれ発酵の段階があります。ベジフル発酵ジュースや甘酒のような発酵の浅いものや、アルコールや酢のような発酵の進んだものなど、同じ食材で作ったとしても発酵段階によって異なる食品となります。

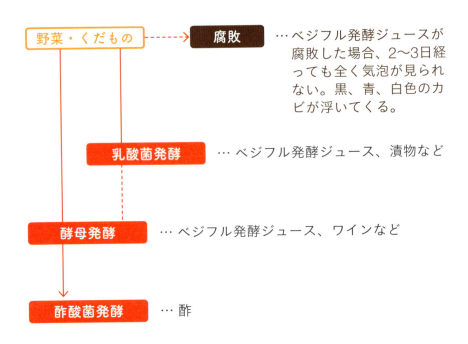

酵母と乳酸菌のうち、乳酸菌発酵が強くなると微炭酸にはならず、酸味が爽やかなベジフル発酵ジュースになります。逆に酵母発酵が強くなると、微炭酸のジュースが出来上がります。しかし、二酸化炭素が発生しているということは、アルコール発酵が始まっているということですから、日が経つにつれアルコール感がでてきます。また、乳酸菌発酵が終わったのち、酵母発酵が始まり微炭酸に変わるものもあります。酵母発酵によりアルコールが生れた発酵ジュースを、さらに発酵させておくと酢酸菌発酵が始まり、ベジフル発酵ビネガーとなります。このように、ベジフル発酵ジュースは発酵過程にあるため、毎日味が変わります。この味の変化もベジフル発酵ジュースの楽しみのひとつです。

　ベジフル発酵ジュースが、乳酸菌発酵が強くでるか、酵母発酵が強くでるかは、作ってみないとわからないところもありますが、基本的には野菜をメインにした発酵ジュースは乳酸菌発酵に、くだものをメインにした発酵ジュースは酵母発酵がでやすい傾向があります。

　身近な植物性発酵食品も、乳酸菌発酵を利用したもの、酵母発酵を利用したものがあります。乳酸菌発酵を利用した発酵食品の代表が漬物です。乳酸菌発酵が進むと、酸味のもとである乳酸が多くなり、酢漬けのような味わいになります。漬物、キムチは、酸味がでてくる前が食べごろですが、乳酸菌発酵による酸味を活かした発酵食品がザウワークラウトやピクルスです。ピクルスは本来、酢に漬けるものではなく、酸味がでるまで発酵させた発酵食品なのです。

　酵母発酵の代表は、アルコール類です。ブドウ果汁を発酵させ、二酸化炭素が抜けて充分なアルコールができるまで発酵させたものがワインです。同じブドウから作られるスパークリングワインは、発酵による二酸化炭素が残

ったものです。米を発酵させたものが日本酒です。

　酵母の発酵が終わると、酢酸菌がアルコールをエサに酢酸を作り出します。こうして作られる発酵食品が酢です。ワインを酢になるまで発酵させたものがワインビネガー、日本酒を酢になるまで発酵させたものが米酢、泡盛を酢になるまで発酵させたものがもろみ酢となります。

　乳酸菌発酵→酵母発酵→酢酸菌発酵という3つの発酵過程のなかで、それぞれの菌は役目を終えると死滅します。ですが、菌は死滅しても、すでに腸内に棲みついている善玉菌のエサとなる働きがありますから、発酵食品の摂取は腸内フローラの健康をサポートすることにつながります。

　そのため発酵食品は体にやさしい食品なのです。

発酵初日 / 発酵2日目 / 発酵4日目

ビン全体にフルーツが入っていて、水も澄んでいます。まだ発酵は始まっていません。

乳酸菌や酵母がフルーツの糖を食べ始め、フルーツが軽くなり浮き上がってきます。水も白濁し始めます。糖を分解する際に二酸化炭素が発生するためスプーンで撹拌した際に小さな気泡がでます。

乳酸菌や酵母がフルーツの糖を充分に食べ、フルーツがスカスカになってしっかりと浮き上がります。水の白濁も強くなります。見た目にも気泡が確認でき、スプーンで撹拌すると炭酸飲料のように気泡が上がってきたら完成です。（気温が低い冬場には完成までに1週間くらいかかることもあります）。

※日数は目安です。気候や保存状態によって変化があります。

ベジフル発酵ジュースの注意事項

[発酵中]

直射日光の当たる高温になる場所で保存しない

　高温になると細菌が繁殖しやすい状態になります。表面にカビが浮いてきてしまった場合には破棄しましょう。

手でかき混ぜない

　手には想像以上に細菌がついています。ベジフル発酵ジュースに細菌が入ってしまわないように、必ず清潔なスプーンで撹拌しましょう。

[ジュースの保存]

常温で保存しない

　過発酵して、ビンからジュースが溢れてしまうことがあります。

飲まない日も冷蔵庫で放置しない

　酵母発酵が進んでいる場合、二酸化炭素が発生しています。1日1回は栓を開けてガス抜きをしてください。ビンが破裂する恐れがあります。

ビンをふらない

　ビンの底にオリが溜まることがありますが、ビンをふらないでください。二酸化炭素が発生した状態は炭酸飲料と同じなので、開けた瞬間に噴き出してしまいます。

ベジフル発酵ジュースのバリエーション

りんご

[りんご × キウイ]

りんごの甘味とキウイの酸味が爽やかな飲みやすい発酵ジュースです。りんごは皮ごと使うことで、皮に含まれるポリフェノールもジュースに溶けだし、アンチエイジング効果も期待できます。
ジュースを漉したあとのりんごとキウイはデザートレシピに活用できます（レシピはP115〜）。

野菜ジュースの定番でもあるニンジンを使った発酵ジュースです。りんごの甘味が加わり飲みやすく、残ったりんご＆ニンジンはサラダ感覚で食べられます（レシピはP64）。

キャベツの独特の香りが残りますが、一味違った発酵ジュースを楽しみたい方におすすめです。残ったりんご＆キャベツは、ザウワークラウトのような味わいに（レシピはP101）。

サラダでもおなじみの組み合わせであるりんごとセロリ。発酵ジュースにしても相性抜群！ 残ったりんご＆セロリはカッテージチーズとあわせたレシピで簡単一皿に（レシピはP58）。

パプリカの香りをりんごが引き立たせる発酵ジュースです。残ったりんごとパプリカで作るキムチは常備菜にもなります（レシピはP48）。

パイナップル

[パイナップル × ミント]

パイナップルの甘い風味とミントが爽やかな発酵ジュースです。発酵後もパイナップルの風味が残るので、残ったパイナップルはそのまま食べても美味しいです。

[パイナップル × バナナ]

トロピカルな香りが夏にピッタリの組み合わせです。バナナは発酵させることでトロリとした食感になります。

[パイナップル × セロリ]

パイナップルとセロリも相性のよい組み合わせです。残ったパイナップルとセロリは、ホタテなどの魚介類と合わせるとオシャレな一品になります（レシピはP57）。

[パイナップル × パプリカ]

パイナップルとパプリカは共に発酵後もしっかりとした食感が残り、サラダ感覚でそのまま食べられます（レシピはP92）。

メロン

爽やかな香りのくだもの同士の組み合わせです。発酵後、レモンは絞ってジュースに加えると、より爽やかな発酵ジュースが出来上がります。

バナナには、甘味の強い完熟メロンがおすすめの組み合わせです。自然な甘味とトロピカルな香りの発酵ジュースになります。

フレッシュな状態では珍しい組み合わせが美味しく出来上がるのも発酵ジュースの楽しさです。かためのメロンとキャベツを合わせるとザウワークラウトにも代用できます（レシピはP101）。

発酵後も食感が残るような固めのメロンとの組み合わせがおすすめです。発酵過程で甘味が失われて、ピクルスのような風味になります（レシピはP59）。

スイカ

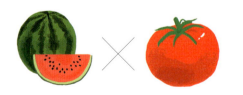

[スイカ × トマト]

赤い見た目も可愛いスイカとトマトの組み合わせ。トマトのほうが風味が強いため、スイカを強調させたい場合は、トマトの2〜3倍のスイカを入れましょう。スイカもトマトもリコピンの多い食材ですから、美肌のために役立つ発酵ジュースです。

発酵後のスイカとトマトはそのままお漬物感覚で食べられます（レシピはP50）。

[スイカ × レモン]

スイカの風味にレモンの酸味が加わった飲みやすい発酵ジュースです。発酵後のスイカは、そのまま食べるほか、デザートにも使えます（レシピはP115〜）。

[スイカ × ニンジン]

ニンジンがスイカの風味を引き立たせる組み合わせです。
発酵後は、スイカは漉してジュースに混ぜてしまい、残ったニンジンをニンジンラペにすることもできます（レシピはP64）。

[スイカ × セロリ]

セロリは、いろいろなフルーツと相性のよい野菜です。発酵後は、そのままサラダ感覚で食べたり、カッテージチーズなどと和えてもりんごとは違ったおいしさがあります（レシピはP58）。

[スイカ × キュウリ]

ウリ科の野菜同士、こちらも相性のよい組み合わせです。発酵後はワカメと和えて酢の物感覚で食べてもよいでしょう（レシピはP82）。

ビーツ

[ビーツ × イチゴ]

ビーツの甘味をイチゴが引き立たせた、とても飲みやすい発酵ジュースです。発酵後のビーツとイチゴは豚肉と合わせると立派な一品になります（レシピはP111）。

[ビーツ × トマト]

ビーツの赤とトマトの赤が綺麗な組み合わせです。スッキリとした香りと爽やかな酸味のジュースが出来上がります。発酵後はポタージュスープを作ってみましょう（レシピはP108）。

[ビーツ × キャベツ]

ビーツの香りがたち、キャベツが入っているとは感じないジュースが出来上がります。発酵後は、ビーツの酢漬けのようにそのまま食べられます（レシピはP110）。

[ビーツ × オレンジ]

ビーツはオレンジと合わせても香りのよい発酵ジュースが出来上がります。発酵後はオレンジを絞ってジュースに加えると、より飲みやすくなります。残ったビーツは白身魚のカルパッチョへ（レシピはP112）。

トマト

[トマト × ニンジン]

野菜ジュースらしい組み合わせのトマトとニンジン。発酵させることでトマトの香りが引き立ち、ニンジンが苦手な方でも飲みやすくなります（レシピはP67）。

トマトジュースが好きな方におすすめの組み合わせです。トマトの爽やかな香りにりんごの甘味が加わった発酵ジュースです。発酵後のトマトとりんごはキムチにしておくと便利です（レシピはP48）。

トマトの香り、パプリカの香り、どちらも楽しめる発酵ジュースです。発酵後はトマトソースのほか、トマトとりんごのようにキムチにしても美味しいです（レシピはP90）。

トマトとセロリも定番の組み合わせです。野菜ジュースらしい発酵ジュースが出来上がります。発酵後の野菜はガスパチョを作れば冷蔵庫で保存が可能です（レシピはP61）。

見た目も可愛い組み合わせです。ほんのりイチゴの香りも残り、飲みやすい発酵ジュースです。バルサミコ酢と合わせればオシャレなパスタも簡単に作ることができます（レシピはP46）。

キュウリ

[キュウリ × グレープフルーツ]

爽やかな香りのスッキリとした発酵ジュースが出来上がります。口に含んだ瞬間はグレープフルーツの香りがしますが、キュウリの香りが後味に残ります。発酵後のキュウリは、酸味がでてお漬物のような味わいになります。

キュウリは血圧を下げる作用のあるカリウムの多い野菜ですから、濃い味を好む方におすすめです。

生姜の辛味はあまり溶けださず、飲みやすい発酵ジュースです。発酵後のキュウリと生姜は紫蘇漬けにすればお漬物になります（レシピはP83）。

キュウリとセロリも美味しい組み合わせです。発酵後は酢の物だけでなく、かつお節や梅と和えてサラダとして食べても美味しいです（レシピはP82）。

キュウリとキャベツの組み合わせは、上級者向けの発酵ジュースです。今までとは一味違った青汁風味の発酵ジュースとなります。

野菜サラダの定番の組み合わせです。発酵ジュースにするとキュウリの香りが強くでます。発酵後のキュウリとニンジンは、ジャガイモと合わせてポテトサラダにしてみましょう（レシピはP68）。

小松菜

少し辛味のある小松菜ですが、りんごが加わることで甘く飲みやすくなります。ツナと和えるだけで簡単にサラダを作ることができます（レシピはP72）。

野菜ジュースらしい発酵ジュースが出来上がる組み合わせです。発酵後は、キノコのマリネ（レシピはP44）のほか、お味噌汁に入れても美味しいです。

小松菜とキュウリも上級者向けの発酵ジュースです。葉物は浮き上がりやすいので下に詰め、上にキュウリを入れて水を注ぎましょう。

青汁感覚で飲んでいただきたい発酵ジュースです。少し辛味が残ります。飲みにくいと感じる方は、小松菜とりんごの組み合わせに生姜を加えてもよいでしょう。
発酵後の小松菜と生姜は、しょうゆ漬けにすると長持ちします（レシピはP76）。

発酵ジュースのアレンジいろいろ

1 甘味を加える

　ベジフル発酵ジュースは、発酵過程で野菜やくだものに含まれている糖が菌のエサとなっているため、甘味が弱いジュースです。ハチミツやメープルシロップなど香りのある甘味料を足すことで、甘味も充分な発酵ジュースに変わります。

　ただし、甘味料は飲む直前に入れましょう。漉したジュースに甘味を足しても、その糖をエサに新たな発酵を始め、翌日には甘味が消えてしまいます。

2 ハーブ・スパイスを加える

　ローズマリーやミントなどお好みのハーブや、シナモンやクローブなどのスパイスを加えてみましょう。同じ食材の組み合わせでも、一味違った発酵ジュースが楽しめます。

3 ハーブティで発酵させる

　ミネラルウォーターの代わりに、ルイボスティなどのハーブティで発酵させます。ハーブの香りが残り風味が変わるだけでなく、ハーブティの健康効果も期待できます。

発酵ジュースをもっと楽しむ

　ベジフル発酵ジュースはアルコール発酵してしまう場合があるため、大量に作るのはおすすめしていません。ですが、出来上がったジュースがとても美味しかった！　新しく作っている時間がない！　という時には、りんごジュースやココナッツウォーターを発酵ジュースに加えれば、発酵ジュースを増やすことができます。これは二次発酵と呼ばれ、新たなジュースが加わることで菌のエサとなり発酵が続きます。また、作ったジュースに甘味が足りない場合にも、りんごジュースなどを加えると味を調えることができます。

　発酵ジュース1に対し、二次発酵用のジュースを0.5ほど注ぎ冷蔵庫で一晩おくと、新たな発酵ジュースが出来上がります。二次発酵に使うジュースは、果汁100％のストレートジュースや甘味料・保存料無添加のココナッツウォーター、メープルウォーターを選びましょう。

食材と食材をつなぐ発酵
あなただけのお気に入りの組み合せを見つけて
食材と発酵のマリアージュをお楽しみください。

コラム

ベジフル発酵ジュースに使う野菜・くだものの切り方

　ベジフル発酵ジュースに使う野菜やくだものは、基本的には、どのような切り方をして頂いてもかまいません。私は、ジュースをとった後の野菜やくだものの使い方を考えて、切り方を決めています。ビーツやキャベツ、ニンジンをザウワークラウトやニンジンラペのように作り置きにしたいと思えば千切りにします。フルーツは、フルーツポンチを作りたいと思えばひと口大に、スムージーにするのであれば、薄くカットしています。

　ただし、ひとつだけ気を付けなくてはいけないのは、小さいものであっても、「必ずカットする」ということです。プチトマトやブドウ、ブルーベリー、サクランボなど、小さいものはそのままビンに入れることができますが、皮で守られているため養分が水に流れ出ません。そうなると、乳酸菌や酵母のエサが少なくなってしまい、菌が充分に活動できず腐敗の一因にもなってしまいます。小さなものであっても、必ずカットし、その他の野菜やくだものは、のちの使い方を考えてカットしましょう。

　また、カットの形を変えることで出来上がるジュースのトロミ感も変わります。トマトやモモなど果肉が柔らかいものは、小さくカットしてジュースを作ると、果肉が溶けだしとろみのあるジュースに仕上がります。ジュースのトロミ感を考えてカットするのも一つの方法です。

ベジフル発酵料理

ベジフル発酵料理について

ベジフル発酵後の野菜やくだものは食べられるの？

　ジュースを漉したあとの野菜やくだものには、乳酸菌や酵母が棲みついています。液体だけでなく、野菜やくだもの自体も発酵しているわけですから、ジュースを漉しただけで捨ててしまうのは、とてももったいない話です。ジュースを漉したあとの野菜やくだものを料理やデザート作りに使い、毎日の食生活に1品、発酵食品を加えましょう。

　市販の発酵食品は味の種類が限られていますが、ベジフル発酵ジュースなら、お好みの野菜やくだものを発酵させることができます。そのため、料理やデザートへのアレンジも広がります。発酵料理のバリエーションが増えると、毎日飽きずに発酵食品を続けられます。

ベジフル発酵後の野菜やくだものはどんな味？

　ベジフル発酵後の野菜やくだものは、そのまま食べて美味しいものもありますが、基本的には栄養がジュースに溶け出しているので風味がうすまっています。そのため、そのまま食べるよりは、食材のひとつとして調理して食べるのをおすすめします。

ベジフル発酵料理に合う味付けは？

　素材の風味が弱くなっていますから、うま味や香りを足して味を補いましょう。

　しょうゆ、味噌、かつお節、昆布、酢、スパイスなどは、香りやうま味をベジフル発酵料理にプラスしてくれます。また、油を使うとベジフル発酵料理にコクをだすことができます。

　足りない味を塩で補おうとするのではなく、香りやうま味を上手に使って、美味しいベジフル発酵料理を作りましょう。

発酵パイナップルとセロリ　→　ホタテ（うま味）・アボカド（油）をプラス
発酵フルーツ　→　ヨーグルト（コク）をプラス
発酵キュウリと生姜の酢の物　→　酢（香り）をプラス
発酵パプリカとトマトのキムチ　→　キムチ液（香り・うま味）をプラス
発酵ニンジンラペ　→　クミン（香り）をプラス

　このように、香り、うま味、コクをプラスする食材と組み合わせることが、ベジフル発酵料理を美味しく仕上げるコツとなります。ベジフル発酵料理は、非加熱で調理すると調理後も発酵を続け、味が変わります。発酵後の野菜やくだものをすぐに調理に使わない場合には、冷凍保存しておくと発酵が進みません。

COLUMN コラム

私のベジフル発酵ジュース生活

　どのようなタイミングでベジフル発酵ジュースを飲んでいますか？ というご質問をよく受けます。薬ではありませんから、いつ、どのようなタイミングで飲んでいただいても構いません。

　私自身は、朝、寝起きに水を飲んだあとにベジフル発酵ジュースを飲んでいます。とくに微炭酸に仕上がっているベジフル発酵ジュースは、適度に胃を刺激して、胃もたれしている朝に飲むと胃腸が動き出すのを感じます。このほか、ちょっとお腹が空いた時に飲むこともあります。自然の甘味で、小腹満たしに最適です。

　ベジフル発酵料理は、できる限り毎食食べるようにしています。お気に入りは、ベジフル発酵野菜のキムチやベジフル発酵キャベツ、ベジフル発酵ビーツです。ベジフル発酵野菜はすでに野菜が発酵していますから、チリペーストやキムチの素と和えるだけで、すぐに発酵したキムチが食べられます。発酵キャベツとビーツは、発酵が進むにつれ酸味がでてザウワークラウトやビーツの酢漬けのような味わいになります。

　発酵食品は、毎日続けることで腸内フローラの改善に役立つものですから、タイミングや量を気にするより、楽しみながら継続することが大切だと思っています。

トマト
のレシピ

発酵トマトと
小松菜、キノコの
マリネ

発酵トマトと
イチゴの
カッペリーニ

発酵トマトと
りんごの
キムチ

発酵トマトと
レモンの
冷奴

発酵トマトと
スイカの
サラダ

発酵トマトと小松菜、キノコのマリネ

［材料］

発酵トマトと小松菜 … 1本分
シメジ … 1/2パック
エリンギ … 2本
レモン … 1/4個
オリーブオイル … 大さじ1/2
塩 … 小さじ1/4

［作り方］

1 シメジは子房にわけ、エリンギは薄くスライスし、さっと湯通しします。

2 ボールにレモン果汁を絞り塩を溶き、オリーブオイルを加えて、よく混ぜます。

3 2に1のキノコと発酵トマト・小松菜を加え混ぜ合わせ、塩で味を調えて出来上がり。

発酵トマトと
イチゴのカッペリーニ

〔材料〕 2人分

発酵トマトとイチゴ … 1本分
カッペリーニ … 160ｇ
オリーブオイル … 大さじ1
バルサミコ酢 … 適量

〔作り方〕

1　カッペリーニは塩茹でします。

2　茹でたらすぐに冷水にさらして麺をしめ、しっかりと水気を切ってからオリーブオイルとからめます。

3　発酵トマトとイチゴは、細かく切ります。

4　器にパスタを盛り、トマトとイチゴをのせ、バルサミコ酢をかけて出来上がり。

ワンポイント

発酵トマトとイチゴには塩味をつけていません。そのため、パスタを茹でる際に塩をしっかりと加え、パスタに下味をつけましょう。水1ℓに対し塩10ｇ（1％）が目安です。

発酵トマトとりんごのキムチ

[材料]

発酵トマトとりんご … 1本分
無添加チリソース（もしくはキムチの素）… 大さじ2程度
お好みで
ニンニク … 1/4片

[作り方]

1　無添加チリソースにすりおろしたニンニクを加えます。
2　発酵トマトとりんごと和えて出来上がり。

ワンポイント

和えてすぐでも食べられますが、一晩冷蔵庫でねかせるとより味がなじみます。

発酵トマトと
レモンの冷奴

[材料]

発酵トマトとレモン … 1本分
豆腐 … 1丁
塩 … 適量

[作り方]

1. 発酵トマトを細かく刻みます。
2. 豆腐に発酵レモン、発酵トマトの順にのせ、塩を添えて出来上がり。

発酵トマトと スイカのサラダ

[材料]

発酵トマトとスイカ … 1本分
ミント … 適量
塩 … 適量

[作り方]

1 ミントは、軽くたたいて香りをだします。
2 発酵トマトとスイカ、ミントを和えます。
3 器に盛り、軽く塩をふって出来上がり。

ワンポイント

トマトやスイカに含まれるリコピンは、脂溶性のため油と一緒にとることで吸収率が高まります。より効率よくリコピンをとりたい方は、オリーブオイルを少量加えましょう。

COLUMN コラム

ベジフル発酵ジュースに使う野菜やくだものの選び方

　野菜にもくだものにも、その食材の美味しさが一番感じられる食べごろがあります。甘味や酸味、香り、食感など、美味しさを左右する要素が一番花開いている時が食べごろです。ベジフル発酵ジュースに使う場合には、食べごろの野菜やくだものを使う必要はありませんが、できるだけ新鮮なものを選びましょう。

　未熟なものと完熟のものを比べるのであれば、未熟なもの（未熟でも食べられるものに限ります）のほうが、腐敗の心配がありません。キウイやパイナップルなど、消化酵素の多いくだものは、完熟を過ぎると、それ自体が発酵している場合もあります。発酵しているので一見良い状態のように見えますが、雑菌も繁殖している場合がありますので、ベジフル発酵ジュースに使うのは避けましょう。

セロリ
のレシピ

発酵セロリと
キュウリ、オイル
サーディンのサラダ

発酵セロリと
パイナップル、ホタテの
カルパッチョ

発酵セロリと
りんごのカッテージ
チーズ和え

発酵セロリと
トマトの
ガスパチョ

発酵セロリと
メロンの
ハムサンド

54　ベジフル発酵料理 - セロリ

発酵セロリと キュウリ、 オイルサーディンの サラダ

[材料]

発酵セロリとキュウリ … 1本分
玉ねぎ … 1/4個
酢 … 50cc
オイルサーディン … 10フィレ程度

[作り方]

1 鍋に薄くスライスした玉ねぎと酢を入れて火にかけ、玉ねぎがしんなりするまで煮込み、常温で冷まします。

2 発酵セロリとキュウリを1と合わせます。

3 器に2とオイルサーディンを盛って出来上がり。オイルサーディンをくずして、野菜と混ぜながら食べましょう。

56　ベジフル発酵料理 - セロリ

発酵セロリと パイナップル、 ホタテのカルパッチョ

[材料]

発酵パイナップルとセロリ … 1/2本分
アボカド … 1個
ホタテ … 5個
パプリカ … 適量
塩・コショウ … 適量

[作り方]

1 アボカドは半分に切って種をとり、皮をむいて横に薄くスライスします。

2 ホタテは3等分にスライス、パプリカは細かく切ります。

3 器にアボカド、ホタテ、発酵パイナップル、発酵セロリの順で盛り付けます。

4 塩・コショウをふり、パプリカを飾って出来上がり。

発酵セロリとりんごの
カッテージチーズ和え

［材料］

発酵セロリとりんご … 1本分
カッテージチーズ … 200ｇ
コショウ … お好みで

［作り方］

発酵セロリとりんご、カッテージチーズをよく和え、お好みでコショウをふって出来上がり。

発酵セロリとメロンの
ハムサンド

[材料]

発酵セロリとメロン … 1/4本分
パン … 2枚
ハム … 4枚
クリームチーズ … 大さじ1程度

[作り方]

1 軽くトーストしたパンに薄くクリームチーズを塗ります。
2 発酵セロリとメロン、ハムをサンドして出来上がり。

ワンポイント

発酵野菜から水分がでるので、作ったらすぐに食べましょう。

60　ベジフル発酵料理 - セロリ

発酵セロリとトマトのガスパチョ

[材料]

発酵セロリとトマト … 1本分
赤パプリカ … 1個
ニンニク … 1/4個
オリーブオイル … 小さじ1
キュウリ … 1/4本
塩 … 適量

[作り方]

1. 赤パプリカは丸ごと焼いて皮をむきます。
2. キュウリ以外の材料をミキサーにかけてなめらかにします。
3. 塩で味を調えて器に盛り、細かく切ったキュウリを飾って出来上がり。

ワンポイント

通常のガスパチョのように冷蔵庫で保存できますが、2〜3日経つと発酵が進み泡がたってしまう場合があります。1〜2日で食べきりましょう。

コラム

ベジフル発酵料理は 加熱してはダメ？

　ベジフル発酵させたあとの野菜やくだものを使った本書のレシピは、発酵の良さと生きた菌を重視したため、すべて非加熱のレシピをご紹介しています。ですが、加熱しては意味がないということではありません。菌は死んでいても、すでに腸内に棲みついている善玉菌のエサとなりますから、時には加熱したお料理にも使ってみましょう。

　ポタージュスープも、本書ではすべて冷製となっていますが、温めて飲んでも美味しいです。ポタージュにしなくても、刻んで野菜スープやお味噌汁の具材として使ってもよいですね。パスタソースも同様です。

　このほか、私がよく作るのは、発酵パイナップルを使ったスペアリブやステーキです。発酵の力で肉をやわらかくします。麹で漬け込んでも同じ効果がありますが、どうしても麹の風味が肉に移ってしまいます。ですが、発酵野菜やくだもの自体には強い風味がないので、素材の味を変えずに肉をやわらかくすることができます。

ニンジン
のレシピ

発酵ニンジンとスイカのスープ

発酵ニンジンラペ

発酵ニンジンとトマトのタブレ

発酵ニンジンとキュウリのポテトサラダ

発酵ニンジンラペ

[材料]

発酵ニンジンとりんご … 1本分
オリーブオイル … 大さじ1/2
酢 … 小さじ1
塩 … 小さじ1/4
クミン … 適量

[作り方]

すべての材料をよく和えて出来上がり。クミンはお好みで加えましょう。

ワンポイント

作り置きが可能です。発酵が進むにつれ酸味が強くなります。

発酵ニンジンとスイカの冷製スープ

［材料］

発酵ニンジンとスイカ … 1本分
塩 … 適量

［作り方］

1 スイカの種をとり、ニンジンとスイカをミキサーにかけてなめらかにします。

2 塩で味を調え、スイカを飾って出来上がり。

発酵ニンジンとトマトの タブレ

[材料]

発酵ニンジンとトマト … 1本分
茹でたもち麦 … 一膳分
玉ねぎ … 1/4個
オリーブオイル … 大さじ1/2
レモン … 1/4個
パセリ … 適量
塩・コショウ … 適量

[作り方]

1 発酵ニンジンとトマト、玉ねぎは5㎜の角切り、パセリはみじん切りにします。

2 もち麦、**1**の野菜、オリーブオイルをよく混ぜ、レモンを絞り、塩コショウで味を調えて出来上がり。

発酵ニンジンと
キュウリのポテトサラダ

[材料]

発酵ニンジンとキュウリ … 1本分
ジャガイモ … 4個程度
豆乳ヨーグルト … 200ｇ
塩 … 小さじ1/4
コショウ … 適量

[作り方]

1　豆乳ヨーグルトは、コーヒーフィルターなどを使ってしっかり水気を切っておきます。

2　ジャガイモは蒸して皮をむきます。

3　水切りしたヨーグルトに塩を溶かし、発酵ニンジンとキュウリ、軽くつぶしたジャガイモを混ぜます。

4　器に盛り、お好みでコショウをふって出来上がり。

ワンポイント

豆乳ヨーグルトを水切りした際にでた水分（ホエイ）は、発酵ジュースを作る時のミネラルウォーターの代わりとしても使えます。

COLUMN
コラム
ヨーグルトについて

　腸内フローラの健康のために、ヨーグルトを欠かさないという方も多いと思います。私も、毎日ヨーグルトを食べています。どのようなヨーグルトを選んでいますか？ と聞かれることが多いですが、私はGBN1という種菌と成分無調整豆乳を使って自宅で作っています。

　ヨーグルトに含まれている乳酸菌には多くの種類があり、それぞれに得意分野がありますが、私が購入する際に基準としているのは、ビフィズス菌が入っているかどうかです。ヨーグルトは乳酸菌がないと作ることができないため、どのヨーグルトにも乳酸菌は必ず入っています。ですがビフィズス菌は、入っているものと入っていないものがあります。

　同じような働きをすると思われている乳酸菌とビフィズス菌ですが、その働きは異なります。乳酸菌は、腸内で乳酸を産生し腸内のphを善玉菌が活動しやすい状態に保ちます。一方のビフィズス菌は、乳酸だけでなく酢酸も作り出します。この酢酸には、乳酸より強い殺菌効果があり悪玉菌の増殖を防ぐ働きがあるため、より強い整腸効果が期待されています。

プロバイオティクスGBN1
販売者　有限会社中垣技術士事務所KN
https://www.nakagaki.co.jp/index.html

小松菜
のレシピ

発酵小松菜と
りんごの
ツナサラダ

発酵小松菜と
キュウリ、海苔の
お浸し

発酵小松菜と
ジャコ、昆布の
和え物

発酵小松菜の
しょうゆ漬け

発酵小松菜と
りんごのツナサラダ

[材料]

発酵小松菜とりんご… 1本分
ひよこ豆 … 50ｇ（乾燥の状態で）
ツナ缶 … 100ｇ缶1缶
塩・コショウ … 適量

[作り方]

1　ひよこ豆は、たっぷりの水で一晩もどし、豆がやわらかくなるまで1時間程度茹でます。

2　発酵小松菜とりんご、ひよこ豆、ツナ缶は液ごとすべてボールに入れて、よく和えます。

3　塩・コショウで味を調えて出来上がり。

ワンポイント

ツナ缶のほか、サバ缶、鮭缶で作ってもよく合います。ひよこ豆は水煮を使ってもよいです。
冷蔵庫で保存して作り置き可能です。

発酵小松菜とキュウリ、海苔のお浸し

[材料]

発酵小松菜とキュウリ … 1本分
海苔 … 2枚
クコの実 … 適量

[作り方]

発酵小松菜とキュウリ、お好みでクコの実を加え、海苔をもみ込んで出来上がり。

発酵小松菜とジャコ、昆布の和え物

[材料]

発酵小松菜 … 1本分
ジャコ … 大さじ2
細切り昆布 … 10g
ゴマ … 大さじ1/2

[作り方]

すべての材料をよく混ぜ、1〜2時間味をなじませて出来上がり。

発酵小松菜の
しょうゆ漬け

［材料］

発酵小松菜 … 1本分
しょうゆ … 50cc
七味唐辛子 … お好みで

［作り方］

保存袋に発酵小松菜としょうゆ、お好みで七味唐辛子を加えて一晩漬け込んで出来上がり。

ワンポイント

野沢菜のしょうゆ漬けのような酸味のある味わいになります。ご飯に添えるだけでなく、野菜や肉の炒め物に加えても美味しくいただけます。

COLUMN
コラム
私の発酵食ライフ

　ベジフル発酵ジュース、ベジフル発酵料理、豆乳ヨーグルトのほか、納豆も毎日食べています。発酵食品に含まれる有用菌はそれぞれ違うため、ひとつのものにこだわらず、いろいろな種類の発酵食品を食べるように心がけています。朝は発酵ジュース、昼もしくはおやつにヨーグルト、夜は納豆とベジフル発酵料理が定番です。

　2016年に『ヤセ菌が増えて太らない食べ方』（自由国民社）という本を執筆してからは、以前にも増して腸内フローラを調えることを意識した食生活を送っています。最近は腸内フローラへの関心が高まり、ヨーグルトや納豆の種類も随分増えました。納豆は、納豆菌という私たちの身体によい働きをする菌がとれるだけでなく、同時にたくさんの栄養もとることができます。大豆は「畑の肉」と呼ばれるほどタンパク質が豊富ですし、発酵過程で生れたビタミンや食物繊維をとることができます。
　腸内フローラの改善のためというと、菌をとることばかりに注目してしまいますが、どんなにたくさん良い菌をとったとしても、腸内に棲みつくことはできません。すでに腸内に棲みついている善玉菌のエサもとって、善玉菌を元気にすることも大切です。

　善玉菌のエサとなるのは、食物繊維です。たとえば、納豆には納豆菌と大豆由来の食物繊維、さらに発酵過程で生れた食物繊維様の成分も含まれています。食物繊維という視点から見てもベジフル発酵料理は、菌だけでなく、野菜やくだものに含まれる食物繊維を同時にとることができますから、とても優れた発酵食品だと思います。

キュウリ
のレシピ

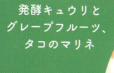

発酵キュウリと
グレープフルーツ、
タコのマリネ

発酵キュウリと
セロリ、ワカメの
酢の物

発酵キュウリと
生姜の
梅紫蘇漬け

発酵キュウリの
かっぱ巻き

発酵キュウリと
ニンジン、ヒジキの
白和え

発酵キュウリとグレープフルーツ、タコのマリネ

[材料]

発酵キュウリとグレープフルーツ … 1本分
タコ … 150ｇ
オリーブオイル … 大さじ1/2
塩・コショウ … 適量
ミニトマト … 適量

[作り方]

1　発酵キュウリは薄くスライスし、発酵グレープフルーツ（全体の2/3）は食べやすい大きさにほぐします。

2　残りのグレープフルーツは果汁を絞り、スライスしたタコを漬けて10分程度味をなじませます。

3　ミニトマトは飾り用に細かく切ります。

4　器にマリネしたタコ、キュウリ、グレープフルーツを盛り、オリーブオイルをかけて塩・コショウをふり、ミニトマトで飾って出来上がり。

発酵キュウリとセロリ、ワカメの酢の物

[材料]

発酵キュウリとセロリ … 1本分
ワカメ（塩蔵）… 60ｇ
酢 … 50cc
塩・砂糖 … 小さじ1/4

[作り方]

1 ワカメは塩抜きをして食べやすい大きさに切ります。

2 発酵キュウリは薄くスライスします。

3 酢に塩・砂糖を溶かし、発酵キュウリとセロリ、ワカメを和えて出来上がり。

発酵キュウリと生姜の梅紫蘇漬け

［材料］
発酵キュウリと生姜 … 1本分
梅紫蘇 … 7〜8枚

［作り方］
発酵キュウリと生姜、刻んだ梅紫蘇を和えて密閉できるビニール袋に入れ、2〜3時間味をなじませて出来上がり。

発酵キュウリの
かっぱ巻き

[材料]

発酵キュウリ … キュウリ1本分
ご飯 … 一膳分
海苔 … 1枚
わさび … お好みで

[作り方]

1　巻きすに海苔を置き、ご飯をのせます。

2　お好みでわさびを塗り、発酵キュウリをのせて巻きます。

3　食べやすい大きさに切って出来上がり。

ワンポイント

写真のように、ご飯の色を変えると華やかな仕上がりになります。黒米を入れて、ご飯に色づけしています。このほか、梅紫蘇を細かく切ってまぶしたご飯で巻いても綺麗に仕上がります。

85

ベジフル発酵料理 - キュウリ

発酵キュウリと ニンジン、ヒジキの 白和え

[材料]

発酵キュウリとニンジン … 1本分
絹ごし豆腐 … 300ｇ
ヒジキ … 5ｇ（乾燥の状態で）
ゴマペースト … 大さじ2
しょうゆ … 小さじ1
塩 … 適量

[作り方]

1 ヒジキは水でもどしてから、さっと湯通しし、水気を切ります。

2 豆腐は水切りしておきます。

3 水切りした豆腐、ゴマペースト、しょうゆをすり鉢ですり合わせます。（すり鉢のない方は、フードプロセッサーでも構いません）。

4 発酵キュウリとニンジン、ヒジキに**3**を和え、塩で味を調えて出来上がり。

コラム

腸に優しい常備菜

　我が家の常備菜は「酢玉ねぎ」です。玉ねぎには、食物繊維のほかにオリゴ糖も含まれていて、腸内細菌のエサとなる成分が豊富です。また、東洋医学では、玉ねぎは気の流れをよくする食べもの、酢は血液の流れをよくする食べものと考えられています。「気血の巡り」といわれるように、気と血は互いに支え合って流れていると考えられているため、どちらか一方が滞ると、もう一方も滞ってしまいます。ですから、気の流れをスムーズに保つ働きのある玉ねぎと、血の流れをスムーズに保つ働きのある酢は、余分なものを溜め込まない身体作りには最適な組み合わせです。さらに、どちらの食材も身体を温める働きがあります。身体を冷やさないことは、腸内フローラだけでなく健康的な身体作りの基本です。

　酢玉ねぎは、スライスした玉ねぎを酢で軽く煮込んで出来上がりです。いつも同じ味では飽きてしまうので、米酢、黒酢、赤酢など酢の種類を変えて味に変化をつけています。このほか、タイムやローリエなどのハーブを加えてピクルス風の味付けにしたり、細切り昆布やラッキョウを千切りにしたものを加えて一味違った酢玉ねぎを作ることもあります。

　酢玉ねぎは、納豆や冷奴の薬味として、肉魚の付け合せに、サラダに加えるなど、どんな料理にも合う使い勝手のよい常備菜です。

パプリカ
のレシピ

発酵パプリカと
トマトの
冷製パスタ

発酵パプリカと
パイナップルの
ヌードルサラダ

発酵パプリカと
トマトの
豆腐ポタージュ

発酵パプリカと
トマトの
チリコンカン

発酵パプリカと トマトの 冷製パスタ

[材料] 2人分

発酵パプリカとトマト … 1本分

パスタ … 160g

ニンニク … 1片

オリーブオイル … 大さじ2

バジル … 適量

塩 … 適量

[作り方]

1 フライパンにオリーブオイルとみじん切りにしたニンニクを入れ弱火でじっくり火を通します。

2 ニンニクの水分が抜けて一回り小さくなったら火からおろし、発酵パプリカとトマトと和えて、塩で味を調えます。

3 パスタを塩茹でにし、茹であがったら、冷水にさらししっかりと水気を切り、**2**のソースとからめてバジルを添えて出来上がり。

発酵パプリカと
パイナップルの
ヌードルサラダ

[材料]

発酵パプリカとパイナップル
… 1本分
春雨 … 50g
ハム … 2〜3枚
ゴマ油 … 大さじ1
しょうゆ … 大さじ1/2

[作り方]

1 春雨は熱湯につけてもどしておきます。
2 ゴマ油としょうゆをしっかり混ぜ合わせます。
3 2に発酵パプリカとパイナップル、細切りにしたハムを合わせて、塩で味を調えて出来上がり。

発酵パプリカとトマトの豆腐ポタージュ

［材料］

発酵パプリカとトマト … 1本分
豆腐 … 300ｇ
オリーブオイル … 小さじ1
塩 … 適量
パセリ … 飾り用

［作り方］

すべての材料をミキサーにかけなめらかにし、塩で味を調えて、パセリを飾って出来上がり。

発酵パプリカと
　　　トマトの
　チリコンカン

[材料]

発酵パプリカとトマト … 1本分
ひよこ豆 … 50ｇ（乾燥の状態で）
ニンニク … 1/2個
玉ねぎ … 1/4個
豚ひき肉 … 150ｇ
チリソース … 大さじ1〜お好みで
オリーブオイル … 適量

[作り方]

1. ひよこ豆はたっぷりの水で一晩もどし、豆がやわらかくなるまで煮ます。
2. 発酵パプリカとトマトは、細かく刻みます。
3. フライパンにみじん切りにしたニンニクと玉ねぎ、オリーブオイルを入れて弱火で熱し、ニンニクが香ってきたら豚ひき肉とひよこ豆を加えて炒め、チリソースを加えます。
4. 火が通ったら、**2**を混ぜて塩で味を調えて出来上がり。

コラム
オリーブオイルの選び方

　レシピにしばしば登場しているオリーブオイル。オリーブオイルとだけ記載していますが、実際に私が使っているのはエクストラ・バージン・オリーブオイルです。エクストラ・バージン・オリーブオイルは一番搾りのオリーブオイルのことで、香りがよく、オリーブ由来のポリフェノールが一番多く含まれています。

　一言でオリーブオイルといっても、オリーブ果実を絞っただけの「バージンオイル」と、オリーブ果実を精製して作られる「オリーブオイル（ピュアオリーブオイル）」があります。さらにバージンオイルは、「エクストラ・バージン」、「バージン」、「オーディナリーバージン」、「ランパンテバージン」という4つのグレードにわけられます。また、産地や品種によって味がことなります。

　美味しく食べることが一番ですから、やはり味は重要なのですが、味以外でチェックしているのが製法です。オリーブの実が傷まない手摘みであること、オリーブの実の鮮度が失われないように、収穫から圧搾までを短時間で行っていること、オリーブオイルの酸化を最小限にするための低温での圧搾（コールドプレス）、オリーブの実由来の栄養素が失われない無濾過でのボトリング。この4つのポイントを必ずチェックし、手摘み、収穫から圧搾までの時間が短いもの、低温圧搾、無濾過で作られたオリーブオイルを選んでいます。

　最近はオリーブオイル専門店もみかけるようになり、テイスティングをして購入できるお店も増えてきましたが、実際には試食せずに買うことが多いと思います。どれにしようかな…と迷ったら、製法もチェックしてみてくださいね。

キャベツ
のレシピ

発酵キャベツと
メロンの
冷麺

発酵キャベツと
キュウリの
ゴマ和え

発酵キャベツと
りんごの
ザウワークラウト

発酵キャベツと
キュウリの
冷しゃぶ

発酵キャベツと
りんごの
ドライカレー

ベジフル発酵料理 - キャベツ

発酵キャベツと
メロンの冷麺

[材料]

発酵キャベツとメロン … 適量
キムチ … 適量
冷麺 … 1人分
ポン酢 … 大さじ1
昆布出汁 … 300cc

[作り方]

1 冷麺は茹でて、冷水にさらし水気をよく切ります。

2 ポン酢と昆布出汁を合わせてスープを作ります。

3 器に冷麺とスープを張り、発酵キャベツとメロン、キムチをのせて出来上がり。

ワンポイント

通常のキムチではなく、P48 発酵キムチをのせても美味しくいただけます。

発酵キャベツとキュウリのゴマ和え

［材料］

発酵キャベツとキュウリ … 1本分
ゴマ … 大さじ1
昆布出汁 … 大さじ1
しょうゆ … 大さじ1/2
酢 … 小さじ1

［作り方］

1 ゴマは、粒が半分残る程度にすります。

2 調味料、ゴマ、発酵キャベツとキュウリを和えて出来上がり。

発酵キャベツとりんごの
ザウワークラウト

[材料]
発酵キャベツとりんご … 1本分
塩 … 小さじ1/4
粒マスタード … 大さじ1/2

[作り方]
すべての材料を混ぜ合わせ、冷蔵庫で一晩味をなじませて出来上がり。発酵が進むほど酸味が強くなります。

発酵キャベツとりんごの ドライカレー

[材料]

発酵キャベツとりんご … 1/2本分
ココナッツミルク … 50cc
黄パプリカ … 1/4個
カレー粉 … 大さじ1
塩 … 適量
ご飯 … 二膳分

[作り方]

1. 発酵キャベツとりんご、黄パプリカは細かく切ります。
2. ご飯、野菜類、ココナッツミルク、カレー粉をよく混ぜ、塩で味を調えて出来上がり。

ワンポイント

カレー粉は、小麦粉などが入っているものではなく、スパイスだけがブレンドされたものを使いましょう。

発酵キャベツと
キュウリの
冷しゃぶ

〔材料〕

発酵キャベツとキュウリ … 1/2本分
冷しゃぶ用豚肉 … 2人分
ミニトマト … 適量
ゴマ … 適量
ポン酢 … 大さじ2

〔作り方〕

1　しゃぶしゃぶ用豚肉を茹でて冷やします。

2　発酵キュウリは薄くスライス、ミニトマトは細かく切ります。

3　発酵キャベツとポン酢を和え、味をなじませます。

4　器にキャベツ、豚肉、キュウリを盛り、ミニトマトとゴマを添えて出来上がり。

ワンポイント

ポン酢のほか、ゴマダレで食べても美味しいです。

コラム

ベジフル発酵ジュースは
どんな人にむいている？

　ベジフル発酵ジュースは、植物性の発酵食品です。植物性の発酵食品というと、納豆や味噌、漬物などと同じグループですね。独特の香りのある植物性発酵食品ですから、苦手な方もいらっしゃるかもしれません。ですが、ベジフル発酵ジュースには、植物性発酵食品独特の発酵臭がほとんど感じられません。ですから、植物性発酵食品が苦手な方にも、ぜひ試していただきたいジュースです。また、お子様など、発酵食品が苦手な場合でも、シュワシュワとしたジュースであれば飲みやすいのではないかと思います。

　また、作る食材によって味が変わることもベジフル発酵ジュースの魅力です。納豆やヨーグルトなど、種類は豊富ですが、基本的にはどれも同じ味ですよね。ベジフル発酵ジュースなら、フルーツをたっぷり使った香りの良い発酵ジュースを作ることもできますし、野菜を多く使って健康的な味わいの発酵ジュースを作ることもできます。ですから、ご自身やご家族の好みに合わせて、続けやすい味の発酵ジュースを作り、ご家族全員で楽しむことができます。

　発酵食品は、毎日続けることが大切ですから、飲みやすく、食べやすく、美味しく続けられるものを選びたいですね。

ビーツ
のレシピ

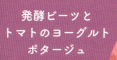

発酵ビーツと
トマトのヨーグルト
ポタージュ

発酵ビーツと
キャベツの
サラダサンド

豚肉のグリエ
発酵ビーツと
イチゴのソース

発酵ビーツと
オレンジの
お刺身マリネ

発酵ビーツとトマトの
ヨーグルトポタージュ

［材料］

発酵ビーツとトマト … 1本分
豆乳ヨーグルト … 200ｇ
塩 … 適量
オリーブオイル … 適量
ミント … 飾り用

［作り方］

1. 発酵ビーツとトマト、豆乳ヨーグルトをなめらかになるまでミキサーで撹拌します。
2. 塩で味を調えて器に盛り、オリーブオイルを添えていただきます。

ワンポイント

豆乳ヨーグルトではなく、牛乳で作られたヨーグルトでもOK。冷蔵庫で1〜2日保存できます。

発酵ビーツとキャベツのサラダサンド

[材料]

発酵ビーツとキャベツ … 1本分
粒マスタード … 大さじ1/2
塩 … 適量
パン … 2枚

[作り方]

1. 発酵ビーツとキャベツに粒マスタードを混ぜ、塩で味を調えます。
2. 軽くトーストしたパンに**1**をサンドして出来上がり。

ワンポイント

味付けをした発酵ビーツとキャベツは、冷蔵庫で保存できます。発酵が進むにつれ酸味がでて、ビーツの酢漬けのような味わいになります。

豚肉のグリエ
発酵ビーツとイチゴのソース

［材料］

発酵ビーツとイチゴ … 1/2本分
豚肉 … 2枚
バルサミコ酢 … 適量
塩・コショウ … 適量

［作り方］

1 豚肉は塩・コショウして、フライパンで焼きます。

2 発酵ビーツは細かく切ります。

3 器に豚肉を盛り、発酵ビーツとイチゴを添え、バルサミコ酢をかけて出来上がり。

112　ベジフル発酵料理～ビーツ

発酵ビーツとオレンジの お刺身マリネ

[材料]

発酵ビーツ … 大さじ1程度
発酵オレンジ … 1〜2枚
刺身用白身魚 … 1さく
塩 … 一つまみ

[作り方]

1 白身魚は薄くスライスします。

2 発酵ビーツは、細かく切り、塩をしておきます。

3 発酵オレンジは、ひと口大にカットします。

4 器に白身魚を並べ、発酵ビーツとオレンジを添えて出来上がり。白身魚で発酵ビーツとオレンジを包むようにして食べましょう。

ワンポイント

ビーツとオレンジの発酵ジュースは、発酵後オレンジを絞ってしまったほうがジュースは美味しくなりますが、料理に使う場合には数枚残しておきましょう。

COLUMN
コラム

砂糖の代わりになる甘味料

　最近は糖質オフが流行っていることもあり、白砂糖離れが進んでいますね。実際、私も白砂糖はまったく使っていません。塩の代用品は風味の関係でなかなか難しいのですが、白砂糖の代用品はたくさんあります。ハチミツ、メープルシロップ、メープルシュガー、アガベシロップ、ココナッツシュガーなど、白砂糖より糖質が少なく栄養価の高い甘味料は、いろいろあります。

　なかでもよく使っているのが、メープルシュガーとアガベシロップです。メープル製品は、ビタミンやミネラルがハチミツより多く、ポリフェノールがとても豊富な栄養価の高い甘味料です。そのままだとメープル独特の香りがありますが、調理すると驚くほど風味が消え、料理の味となじみます。シロップ、シュガーと形状が2通りあるので、使い勝手もよいです。

　アガベシロップは、とても糖質が少なく、イヌリンと呼ばれる水溶性食物繊維が含まれた甘味料です。べっこう飴のような風味があり、白砂糖より甘味の強い甘味料です。少量でも充分な甘さをだすことができますから、使用量自体も抑えることができます。

フルーツ
のレシピ

発酵フルーツで
作るヨーグルト
チーズケーキ

発酵フルーツ
ポンチ

発酵フルーツ
スムージー

発酵フルーツ
アイスキャンディ

発酵フルーツ
ゼリー

発酵フルーツ
ぜんざい

発酵フルーツ
サンド

発酵フルーツ
ガレット

発酵フルーツで作る
ヨーグルトチーズケーキ

[材料]（20cmのタルト型1個分）
お好みの発酵フルーツ … 適量
オールブラン … 60g
ココナッツオイル … 大さじ2
クリームチーズ … 200g
ヨーグルト … 200g
ハチミツ … 大さじ1

[作り方]

1 オールブランは軽くくだき、ココナッツオイルと混ぜて型に敷き、冷蔵庫で冷やし固めます。

2 ヨーグルトはコーヒーフィルターなどでしっかり水気を切っておきます。

3 クリームチーズと水切ヨーグルト、ハチミツを混ぜます。

4 冷えて固まった型にお好みの発酵フルーツを並べ、ヨーグルト生地を流し、冷やし固めて出来上がり。

ワンポイント

サラサラの状態のココナッツオイルではなく、ペースト状に固まった状態のココナッツオイルとオールブランを混ぜると上手く固まります。作ったケーキは冷凍保存できます。

発酵フルーツスムージー

[材料]

発酵メロン … 1/3本分
バナナ … 1本
豆乳 … 200cc

[作り方]

すべての材料をミキサーでなめらかになるまで撹拌して出来上がり。

ワンポイント

メロン以外のお好みの発酵フルーツを使って、いろいろな味を楽しむことができます。

発酵フルーツポンチ

[材料]

お好みの発酵フルーツ … 1本分
お好みのフレッシュフルーツ … 適量
炭酸水 … 300cc程度
アガベシロップ … 大さじ1

[作り方]

1 スイカやイチゴなど、お好みのフレッシュフルーツを食べやすい大きさにカットします。

2 器にお好みの発酵フルーツとフレッシュフルーツを入れ、炭酸水を注ぎます。

3 アガベシロップを加え、甘味をつけて出来上がり。

発酵フルーツ
アイスキャンディ

[材料]

お好みの発酵フルーツ … 1/3本分
ココナッツミルク … 100cc
アガベシロップ … 大さじ1

[作り方]

1　ココナッツミルクにアガベシロップを溶きます。

2　アイスキャンディーの型にお好みの発酵フルーツを入れ、上からココナッツミルクを注ぎ、冷凍庫で冷やし固めて出来上がり。

ワンポイント

アイスキャンディ型をお持ちでない方は、製氷皿でも作ることができます。

発酵フルーツゼリー

［材料］
（20cmのババロア型1個分）

お好みの発酵フルーツ … 1本分
りんごジュース … 200cc
白ワイン（水でも可）… 200cc
寒天 … 3g

［作り方］

1 寒天は水でもどしておきます。

2 ババロア型にお好みの発酵フルーツを並べます。

3 りんごジュース、白ワインに寒天を煮溶かし、**2**に流し入れて冷やし固めて出来上がり。

ワンポイント

寒天で固めても、フルーツは非加熱のため発酵が続きます。1回に食べきれない場合には、冷凍してシャーベットのようにして食べるとよいでしょう。

発酵フルーツサンド

[材料]

お好みの発酵フルーツ … 1/2本分
生クリーム（36％）… 200ml
メープルシュガー … 大さじ1
パン … 4枚

[作り方]

1 生クリームにメープルシュガーを加えホイップします。

2 お好みの発酵フルーツとクリームをパンでサンドして出来上がり。

ワンポイント

発酵フルーツから水分がでます。作ったらすぐに食べましょう。

発酵フルーツぜんざい

［材料］

お好みの発酵フルーツ … 1/3本分
茹であずき … 100g
水 … 100cc程度

［作り方］

1 茹であずきと水を鍋に入れ、一煮立ちさせ、冷まします。

2 器にあずきとお好みの発酵フルーツを盛って出来上がり。

発酵フルーツガレット

126　ベジフル発酵料理 - フルーツ

[材料]

お好みの発酵フルーツ … 1本分
そば粉 … 150g
卵 … 1個
水 … 300cc
塩 … 一つまみ
生クリーム（36％）… 200㎖
メープルシュガー … 大さじ1
オリーブオイル … 適量

[作り方]

1　そば粉と塩を混ぜ、水を少量ずつ加えながらダマにならないように伸ばします。

2　水を半分くらい加え、なめらかに溶けたところで溶き卵と残りの水を加えます。

3　フライパンにオリーブオイルを引き、お玉1杯分ずつ焼きます。

4　生クリームは、メープルシュガーを溶いてホイップします。

5　お皿に生地を広げ、生クリームとお好みの発酵フルーツをのせ、四方を折って出来上がり。

ワンポイント

お好みでメープルシロップやハチミツを添えていただきます。

著者

岩田麻奈未

大学卒業後、4年間のOL生活を経て渡仏。リッツ・エスコフィエにてDiploma取得後、manami's kitchen開校。食と美容健康に興味を持ち、中医薬膳師、健康リズムカウンセラー、味覚カウンセラーの資格を取得し、体内時計や味覚といった身体の仕組みにあった自然な食生活、美味しく食べて心も身体もキレイになる食スタイルを提案している。現在は、自宅での料理教室のほか、料理講師、レシピ開発、商品PR、コラム執筆など食と健康・美容に関する分野で活動中。著書に『ヤセ菌が増えて太らない食べ方』（自由国民社）がある。

編集制作	有限会社ケイズプロダクション
カバーデザイン	CYCLE DESIGN
本文デザイン	有限会社ケイズプロダクション
撮影	高山浩数
撮影アシスタント	梅崎佳世
調理アシスタント	深瀬華江
イラスト	植木美江

砂糖不使用！野菜と果物だけで作る

ベジフル発酵ジュースとレシピ

2018年8月10日　初版第1刷発行

著者●岩田麻奈未
発行者●穂谷竹俊
発行所●株式会社 日東書院 本社
〒160-0022　東京都新宿区新宿2丁目15番14号　辰巳ビル
TEL●03-5360-7522（代表）　FAX●03-5360-8951（販売部）
振替●00180-0-705733　URL●http://www.TG-NET.co.jp

印刷所／三共グラフィック株式会社
製本所／株式会社セイコーバインダリー

本書の無断複写複製（コピー）は、著作権法上での例外を除き、著作者、出版社の権利侵害となります。
乱丁・落丁はお取り替えいたします。小社販売部までご連絡ください。

©MANAMI IWATA 2018, Printed in Japan
ISBN978-4-528-02210-2 C2077